ESSAI CRITIQUE

ET

OBSERVATIONS SOMMAIRES

SUR LES HOMMÉS ET LES ÉVÈNEMENTS
DE NOTRE TEMPS

ESSAI CRITIQUE

ET

OBSERVATIONS SOMMAIRES

SUR LES HOMMES ET LES ÉVÈNEMENTS
DE NOTRE TEMPS

Adressé aux Ouvriers mes Camarades

ET DÉDIÉ A M. LE BARON GÉRARD DE MONTESQUIEU,

Fondateur des Cercles Catholiques de Bordeaux

Par J. SAUJEON

Ancien ouvrier et chef d'atelier à Bordeaux

SE VEND AU PROFIT DE BONNES ŒUVRES

BORDEAUX

IMPRIMERIE DE F. DEGRÉTEAU
(MAISON MÉTREAU),
RUE DU PARLEMENT-SAINTE-CATHERINE, 19.

1874.

INTRODUCTION

Avant de commencer ce petit opuscule, je dois demander pardon aux lecteurs plus instruits que moi, par conséquent plus exigeants envers un pauvre et faible auteur, de ne point entrer dans tous les développements que comporteraient des matières aussi générales, et aussi complexes que celles que je me propose de traiter. Je dois donc me borner à esquisser sommairement des faits historiques qui demanderaient une plume plus exercée que la mienne, et des volumes pour être traités magistralement. Je laisse ce soin à des hommes plus compétents que moi et surtout connaissants mieux que moi les besoins sociaux de notre époque si malade à tous égards.

Je veux seulement démontrer aux ouvriers mes anciens condisciples, et avec la bonne foi dont je suis capable, le piége qui leur est constamment tendu par tous les déclassés et les ambitieux de bas étage qui, grâce à un prestige de mauvais aloi, réussissent à toujours tromper la bonne foi des malheureux qui les écoutent, afin d'accaparer ensuite les positions vacantes de l'État, mais sachant esquiver, lorsque leur méfait est dévoilé, la peine due à leurs coupables procédés.

Cette brochure n'a donc d'autre prétention que celle d'être utile à mes camarades les ouvriers, en faisant passer brièvement sous leurs yeux les faits comtemporains très-intéressants que j'ai cru susceptibles de produire quelque bien chez tous ceux, qui, comme moi n'ont pu atteindre les hauteurs du savoir que le petit nombre seul a l'avantage de posséder.

Je serais heureux si les conseils d'ami que je donne dans ce modeste écrit, pouvaient être goûtés par la classe ouvrière. Ces conseils d'ailleurs me sont inspirés par l'Évangile lui-même qui n'a jamais trompé personne. Devant ce livre divin les doctrines humaines ne sont que de tristes utopies dans l'ordre politique aussi bien que dans l'ordre moral. Puisse le monde comprendre enfin qu'en dehors de ces lumières il n'y a que ténèbres, et que les principes chrétiens peuvent seuls faire le bonheur de l'humanité.

ESSAI CRITIQUE

ET

OBSERVATIONS SOMMAIRES

SUR LES HOMMES ET LES ÉVÈNEMENTS DE NOTRE TEMPS

---

§ Ier.

Pour toute âme bien née, l'étude de notre époque est vraiment bien attristante, surtout depuis que le dernier de nos rois-chevaliers est tombé de son trône devant une émeute affolée, imbue de faux préjugés contre une monarchie dix fois séculaire, qui pendant ce long espace de siècles avait travaillé avantageusement à la gloire et au bonheur de la France.

La foule, toujours impressionnable mais insouciante, se laissa diriger en 1830, époque à jamais néfaste, de la même manière qu'elle se laisse encore diriger aujourd'hui, par tous les déclassés et les tribuns fougueux surtout braillards des réunions publiques. Ces hommes, de si mince valeur, ont cependant l'avantage de capter presque toujours ce pauvre peuple, qui a le tort insigne de prendre ces charlatans pour de grands hommes, appelés, comme ils le disent eux-mêmes, à régénérer le monde. Pour y réussir, ils ne trouvent rien de mieux que de soulever les masses contre l'état de choses établi, c'est-à-dire contre le plus chevaleresque et le meilleur de nos rois.

Je ne veux pas dire que le gouvernement de Charles X fût sans reproche ; non, car rien n'est parfait ici-bas ; nous ne l'avons que trop expérimenté depuis cette époque. Mais la plus grande faute du ministère d'alors fut surtout de ne pas réunir 50,000 hommes à Paris, pour appuyer énergiquement les ordonnances que le roi devait lancer justement, afin d'en finir avec cette opposition des chambres qui n'avait aucune raison d'être et qui manquait évidemment de patriotisme et de bon sens. Car le triomphe récent de nos armes venant ajouter un magnifique fleuron à la couronne et à la France un royaume de plus, aurait, ce nous semble, dû arrêter, ne fût-ce que pour quelque temps, les ennemis du trône. Mais le patriotisme n'étant pas leur fait, aucune considération ne devait arrêter les agissements ténébreux du haut et du bas étage. La conquête d'Alger avait en effet enlevé à ce forban qu'on appelait le dey d'Alger, les moyens de continuer ses exactions, et de nuire désormais au commerce maritime de la France, attendu que, du même coup, la piraterie disparut avec tous les crimes commis impunément par elle jusqu'alors. C'en était donc assez pour faire jeter les hauts cris à tous ces faux patriotes, *blagueurs* émérites et trompeurs sans vergogne, amis de tous ceux qui venaient les écouter. Ceci est tellement vrai, que le peuple a toujours été trompé et surtout châtié par tous les roués qui se sont servis de lui pour arriver à leurs fins.

La plupart des journaux d'alors, aussi gonflés de suffisance, et aussi ineptes que la plèbe, mais surtout manquant autant de patriotisme que les meneurs, se mirent à leur remorque et entravèrent autant qu'ils le purent la marche régulière du gouvernement ; les masses, excitées par tant de voix à l'unisson, se soulevèrent contre le Monarque qui venait de nous donner plus que de la gloire, car il sauvegardait notre honneur national, tout en nous enrichissant des dépouilles de ces écumeurs de mer, ennemis éternels de la civilisation chrétienne et de l'Europe entière. Et voilà, chers camarades, ce qui vous arrivera toujours tant que le bon sens et la justice ne dirigeront point vos actes ; vous serez justement les victimes de tous ces *tripotiers* qui abusent de votre bonne foi.

Sur qui doit donc retomber ce crime qui a été si fatal à notre trop malheureuse patrie ?

Je n'ose me prononcer, mais je sais bien que si

le duc d'Orléans, si populaire alors, s'était rendu à côté du roi, comme c'était son droit et son devoir, surtout au moment du danger, la Nation pas plus que l'auguste Maison de France n'aurait à expier aujourd'hui d'inénarrables malheurs, sans oublier la perte de nos deux magnifiques provinces de l'Est, avec la honte de les avoir laissé prendre.

Voilà, mes amis, ce qu'on gagne à faire des révolutions. Que ces évènements malheureux nous servent donc de leçon pour l'avenir, attendu qu'il n'y a jamais que les ambitieux et les roués qui en profitent. Il suffit, pour s'en convaincre, de jeter un coup d'œil sur la pauvre Espagne, jadis si florissante et si puissante : qu'y voyons-nous aujourd'hui? Nous n'y voyons qu'anarchie et compétitions. Par qui tout cela a-t-il été amené? Par tous les hommes pleins d'orgueil qui se sont faits chefs de partis afin de mieux arriver au but de leurs convoitises. Ils n'ont pas craint, pour leur intérêt personnel, de faire couler le sang du pauvre peuple. Don Carlos, dans un mouvement noble et généreux, s'est présenté devant la nation Espagnole, en pacificateur et en roi ; mais il a compté sans la perversité humaine qui préfère mettre l'Espagne à feu et à sang que de renoncer à la soif inextinguible de gouverner les hommes, pour mieux satisfaire leurs appétits insatiables qui les dévorent. Que nous reste-t-il donc à faire pour ne pas tomber comme cette noble nation? Il nous reste à travailler par tous les moyens honorables à l'union des partis, surtout dans la mesure de nos moyens d'action ; car c'est l'union, et l'union sincère de l'illustre Maison de France qui peut aujourd'hui amener un tel bienfait, et surtout nous sauver de l'anarchie qui arriverait infailliblement avec la république ; et de l'anarchie à la ruine il n'y a qu'un pas. Veillons, veillons, si nous ne voulons pas périr.

Vint ensuite 1848, de triste mémoire. Louis-Philippe est renversé ; les habiles d'alors, au lieu de reconnaître dans ce châtiment le doigt de Dieu, s'engouèrent plus que jamais des erreurs qui ont de tout temps engendré la vermine des utopistes humanitaires, indignes charlatans, malheureusement toujours pris au sérieux par la classe illettrée à qui l'on promet beaucoup pour ne jamais rien tenir ; c'est là l'histoire de toutes les époques. La leçon a-t-elle servi ? Mais non ; attendu que le peuple au lieu d'appeler son roi (car il était alors comme aujourd'hui très-digne de régner sur la France, d'abord par son droit indéniable, et ensuite par sa bonté et sa haute sagesse), se jette follement dans les aventures et acclame un prince qui n'avait rien fait pour mériter tant d'honneur, et qui devait plus tard nous conduire dans un abîme de maux dont il a été victime.

Bonaparte étant allié à la révolution, la révolution devait le guider d'abord et le faire disparaître ensuite ; c'est la loi du talion.

§ II.

Nous voici en 1870, de lamentable mémoire. Eh bien! que voit-on encore? Est-ce que les leçons du passé nous ont servi? Pas le moins du monde; au contraire : ce sont toujours les marchands d'orviétan qui ont le dessus, soit dans les réunions publiques, soit dans nos comices ; ce sont toujours des hommes tarés, à part quelques exceptions, qui sont le mieux écoutés, et auxquels le peuple donne presque toujours la préférence ; c'est sans doute parce qne ces hommes n'ont jamais su faire leurs affaires que le peuple compte sur eux, pour faire les siennes. O débordement de la sottise humaine! jusques à quand feras-tu des tiennes ?. . . Et les hommes d'État d'aujourd'hui ou prétendus tels!. . qu'en penser ?. . . Ne commettent-ils pas, eux aussi, les mêmes fautes, les mêmes errements que par le passé? Quand on songe qu'un vieillard presque octagénaire pouvait d'un seul coup laver toutes les fautes d'une longue vie agitée par tant de révolutions, et placer sur sa tête une auréole de gloire immortelle, n'ayant pour

cela qu'à rappeler le Roi!... pouvant le faire sans aucun danger, concurremment avec l'Assemblée, et ne l'avoir pas fait!!!... C'est plus qu'une faute!... Il aurait relevé sa patrie aux abois et en même temps séché les larmes amères du peuple si éprouvé par tant de revers. Et que dire aussi des monarchistes ou prétendus tels, qui, au lieu de suivre le noble exemple qui leur a été donné par la sagesse d'un jeune prince, ont mieux aimé se jeter dans des subtilités bizantines, pour entraver autant qu'il était en eux, sinon empêcher définitivement, le retour du Roi?..
On peut sans crainte aucune, appeler cela trahison de lèse-Majesté... Que ces Messieurs y prennent garde; car le socialisme, qui est bien loin d'être enterré, pourrait bien un jour leur faire expier d'une manière terrible la faute impardonnable que leur inconséquence leur à fait commettre. Ah! ils n'ont pas voulu courber leur front altier devant la justice et le droit!... Il s'abaissera peut-être un jour, ce front, jusque dans la poussière du chemin!!...

Heureux, encore, si leur tête ne passe pas sous le niveau social qu'ils auront appelé, du moins par leurs actes, et s'ils ne rentrent ainsi dans l'oubli qu'ils appelaient de tous leurs vœux sur le plus digne comme sur le plus auguste des princes!!!

Cependant, j'ose espérer que le Seigneur dans sa miséricorde saura bien faire triompher en son temps le droit indéniable du Roi, et aussi les principes fondamentaux pouvant constituer définitivement la Monarchie traditionnelle sur des bases inébranlables et désormais à l'abri de toute compétition. Et en effet, qui oserait encore lever la tête et tenter de nouveau de nous replonger dans les maux d'où nous sommes à peine sortis? .... Oui j'ose affirmer que le prince *Henri de Bourbon,* n'est pas seulement aimé et attendu de la Nation, mas que lui seul a qualité pour nous sauver et restaurer toutes choses sur leurs bases. Ce ne sont donc pas les fortes têtes de notre époque qui l'empêcheront d'arriver; il y a bien encore quelques nobles personnages dans nos différentes assemblées politiques qui n'ont pu rien apprendre ni rien oublier, et qui tenteront probablement encore de détourner quelques esprits fêlés ou de travers; mais à part ceux-là, il y aura toujours assez d'hommes de foi et vraiment patriotes qui sauront, en dépit de tout, faire triompher la Monarchie, attendu que le salut ne saurait être que là. Il faudrait d'ailleurs être fou d'ambition et de perversité pour ne pas chercher le salut commun avant toute chose, même avant ses propres intérêts qui, rigoureusement, ne doivent venir qu'après ceux de la Nation.

Il est bien évident aussi que les sectes des libres-penseurs et des solidaires, si nombreuses dans ces temps fâcheux où nous sommes, deviennent de plus en plus redoutables; leur influence délétère s'accroît à tel point que la morale n'est plus qu'un vain mot, et la décadence notre partage à tous : plus d'espérance pour nous si par un suprême effort elles empêchent le retour des masses à la Religion. Ce n'est pas que les libres-penseurs aient des convictions bien profondes sur leur nouvelle foi ; non vraiment ! et en voici la preuve. Pour ma part, j'en connais qui tout en se dissimulant un peu, vont à la Messe le matin, et le soir mangent du prêtre à belles dents, tout en s'asseyant aux agapes de la fraternité. D'autres ne s'arrêtent même pas là : ils vont non-seulement à la Messe, mais encore ils font bâtir des chapelles pour tâcher d'exploiter les bonnes gens ; ils ménagent, comme on dit, la *chèvre* et *le chou* dans l'intérêt de leur industrie qui, pour eux, ne saurait jamais être trop étendue. D'autres, enfin, se font remarquer par le luxe des enterrements religieux qu'ils font faire aux membres de leur famille ; tandis que leurs journaux ne cessent de proclamer bien haut que les enfouissements civils sont à tous égards tout ce qu'il y a de plus respectable et de plus moral sur la terre. S'ils s'en tenaient encore là !... Mais non ; il leur faut une victime plus élevée et plus noble : ils vont jusqu'à vilipender l'auguste victime du Vatican ; attaquer aussi les mandements patriotiques de nos évêques !... Chaque jour les prêtres sont traînés aux génomies, bien qu'ils composent le clergé le plus saint et le plus digne du monde entier. Voilà, peuple, voilà ce que sont les hommes qui ont la prétention

de t'enseigner tes devoirs et de te guider ensuite
dans l'avenir qui n'appartient qu'à Dieu seul et qui
seul a le droit de nous en montrer le chemin. Arrière
ces détracteurs de la religion qui rêvent une géné-
ration d'hommes sans foi ni loi et veulent se faire
un piédestal de notre puissance, pour arriver à une
fin unique et nous écraser plus tard de leur tyrannie
et de leurs dédains insensés! Sans compter que leur
pouvoir aussi éphémère qu'illégitime amène fatalement l'humiliation et la mutilation de la Patrie. Je
n'invente rien ; celà s'est déjà vu bien des fois dans
le passé. Supposons que la révolution ne se fût pas
réalisée. Il est évident qu'au lieu de notre abaisse-
ment et de notre amoindrissement amenés par des
fautes sans exemple dans l'histoire. nous aurions à
l'heure présente la puissance et la grandeur en partage ; et au lieu d'avoir laissé les Prussiens s'établir
à Metz, nous serions allés jusqu'à Mayence. Compa-
parons maintenant et voyons un peu la différence de
ces deux situations et jugeons qui l'empórte de la
Monarchie ou de la révolution qui nous a conduits
de chute en chute jusqu'à l'avilissement le plus com-
plet. Et cependant à notre grande honte on veut avoir
le plaisir et surtout la sottise de patauger encore dans
cette boue, au lieu d'en sortir aussitôt, comme devrait nous l'inspirer la sagesse, et, à son défaut, le
simple bon sens.

§ III.

Récapitulons maintenant ce que l'avènement de Henri V nous réserverait de bienfaits d'abord : la joie partout, et ensuite le bonheur dont le peuple est sevré depuis si longtemps. Une confiance illimitée dans toute la France serait le premier fruit de son avènement ; le commerce, si languissant de nos jours reprendrait son essor pour ne plus s'arrêter ; les arts et l'industrie refleuriraient partout comme aux plus beaux jours de notre fortune nationale ; l'instruction dans toutes les classes deviendrait une nécessité sous ce règne magnifique ; des alliances sincères et recherchée des nations viendraient corroborer le bien-être général de cet heureux temps. Heureux aussi seraient les autres peuples de marcher à l'unisson de notre glorieuse patrie, laquelle aurait enfin son véritable rang dans le monde. Les grandes nations viendraient, comme par le passé, s'éclairer à ce phare lumineux qui semblait s'éteindre au contact des barbares modernes, depuis qu'un main royale n'en dirigeait plus les élans ! Donc avec tous ces avantages, il est évident que les provinces qui nous ont été subrepticement enlevées, nous seraient rendues, pour ne pas nous donner la peine aussi bien que la gloire d'aller les prendre. Voilà, mes chers camarades, ce que nous posséderions avec la Monarchie traditionnelle, et ce que nous n'obtiendrons jamais sans elle. Que faut-il donc faire pour atteindre ce magnifique resultat? Il faut posséder dans l'âme, au plus haut degré, le feu sacré du patriotisme, et l'amour de la France, jusqu'à donner sa vie pour elle. Je ne parle pas de la Religion; il est évident qu'elle est notre bien suprême et que dans aucun cas nous ne devons l'abandonner. Prenons donc garde de manquer à ses devoirs rigoureux, si nous ne voulons perdre tout espoir de retour et par là même devenir incapables de cette virilité qu'on retrouve toujours chez les peuples qui se sont retrempés aux sources bienfaisantes dé christianisme, après avoir eu le malheur de s'en détourner. Si l'on vient me demander qui m'autorise à juger ainsi des cas éventuels et si j'ai des données à peu près certaines de ce que j'avance, je réponds hardiment que ;oui. Les voici :

Est-ce vrai, oui ou non, que depuis 80 ans la France n'a rien fait de véritablement grand, je veux dire de cette grandeur qui l'ait fortifiée dans sa puissance ? Toutes les campagnes de Napoléon Ier, si extraordinaires et si glorieuses pour nos armes, n'ont abouti, en dernier ressort, qu'à nous amoindrir tout en nous ruinant. La Restauration seule a pu relever notre prestige affaibli : dans la campagne de Morée d'abord, et dans la conquête d'Alger ensuite. Sans ces deux honorables exceptions, nous n'aurions fait aucun progrès moral en France ni ailleurs. Je ne parle pas du progrès matériel, il s'effectuera sous tous les régimes dans une certaine mesure : cela est dans notre génie national. Mais le veritable progrès, celui qu'un grand peuple comme le peuple français devrait avoir à cœur de posséder toujours, qu'en a-t-il fait? Oui, qu'a-t-il fait, de ces grandes vertus sociales, qu'on appelle grandeur d'âme et dévouement constant à toutes les saintes causes? Avons-nous fait ce progrès-là? Evidemment non; au contraire, nous avons acquis l'opposé de ces vertus, c'est-à-dire la suffisance, l'égoïsme et l'orgueil des sots, qui nous a fait croire à notre intelligente raison (quelle intelligence, grand Dieu!), qui nous a fait préférer l'erreur à la vérité, le vice à la vertu et l'iniquité à la justice! Sans doute qu'on ne soutient pas ces choses là ostensiblement; mais on les a favorisés dans la pratique extérieure, et c'est ce qui a amené notre décadence comme peuple. Qu'on le veuille ou non, nos sottises devaient fatalement nous conduire à la déchéance que l'on sait, car nous avons fait comme l'écrevisse de la fable : nous avons voulu marcher à reculons pour voir plus clair devant nous, et nous sommes tombés dans le trou comme des fous que nous sommes. En voici la preuve :

§ IV.

Il est avéré que les libres-penseurs se sont constamment bien gardés de mettre en pratique les conseils qu'ils donnent aux autres. Je connais, pour ma part, des hommes qui ont fait des efforts inouïs, soit par leurs écrits, soit par leurs démarches, pour envoyer les enfants du peuple dans les écoles laïques, tandis qu'eux envoyaient les leurs dans les pensionnats religieux qu'ils appellent par dérision des *écoles cléricales* ; c'est donc sciemment que cette secte inconséquente nous trompe attendu qu'elle agit différemment qu'elle ne conseille. Il me semble que ces preuves-là en valent mille ; elles devraient au moins nous suffire et nous mettre dans l'avenir en garde contre de tels maîtres qui, cherchant à tromper tout le monde ne peuvent, se tromper eux-mêmes. Qu'on nie ces preuves si l'on peut ! Quant à moi, je les tiens à la disposition de quiconque serait tenté d'en douter.

Maintenant, je reprends la suite de mes observations. En remontant dans le passé on voit très-bien que les principes régaliens qui malheureusement prévalurent au XVIIe siècle, satisfirent l'orgueil du grand Roi, mais il n'entrevit point les embarras que ces faux principes donneraient à ses successeurs. Il est vrai que ces funestes idées émancipèrent le Monarque de la prétendue tutelle du Pape ; mais elles le firent passer, sans qu'il s'en doutât, sous la tutelle du peuple, autrement exigeant que le Saint-Père et assurément plus tyrannique.

Louis XIV dans sa splendeur oublia trop qu'il était avant tout le roi très-chrétien, et que la France sur laquelle il avait l'honneur de régner, était surtout par prédilection, la Fille aînée de l'Église. Ce titre infiniment glorieux devait nécessairement l'obliger à plus de mesure envers le Saint-Siége. La sanction qu'il donna à l'assemblée du clergé de 1682 fut une des bases sur lesquelles s'appuya le XVIIIe siècle pour battre en brèche le trône et l'autel. Et en effet, le meilleur des princes et le plus juste des hommes, ne put contenir avec toute sagesse la tourmente qui arriva en 1790, léguée par le siècle précédent, et qui, en ravageant le sol national emporta avec la glorieuse tête du Roi-Martyr les têtes de tout ce qui était noble juste et saint ; et les flots de sang qui coulèrent alors sur les places publiques de la France en deuil suffirent à peine à étancher la soif inextinguible des monstres épouvantables de ces temps affreux et à jamais maudits.

Mais cependant on pouvait croire encore à un retour vers le bien, surtout depuis le généreux et admirable exemple du Roi-Martyr pardonnant comme le divin Maître à ses bourreaux. Sa mort imméritée devait ce semble toucher tous les cœurs; bien loin de là, on dirait au contraire qu'aucun remords ne peut entrer dans l'âme de ce peuple, tant il est léger et inconstant; aussi le Seigneur nous frappe-t-il comme nous le méritons, puisque nous restons insensibles à tous ses avertissements paternels.

Le peuple Anglais, lui, expie chaque année, et publiquement, le régicide qu'il eut le malheur de commettre sous Cromwel; mais nous, nous n'avons rien trouvé de mieux pour honorer la mémoire de notre Père et doux roi que le sarcasme de l'impiété à l'égard de ses mânes vénérables. Mais quoi qu'il en soit de ces folies, ne désespérons jamais; car le jour viendra où les plus aveugles comme les plus passionnés pour le mal, seront forcés d'ouvrir les yeux à la lumière tant elle brillera à leurs regards étonnés. Et, en effet, que voyons-nous déjà? Nous voyons des prodiges nombreux s'effectuer aux divers sanctuaires de la Reine des cieux. Les peuples se lèvent de toutes parts, de l'Orient à l'Occident, du Nord au Midi; on n'aperçoit que pélerinages innombrables, venant avec joie implorer les faveurs célestes que la Vierge Immaculée répand avec tant d'abondance sur tous ces peuples divers. Notons bien ceci que les grands et mémorables évènements n'ont lieu que sur cette terre de France et non ailleurs : preuve évidente de la miséricordieuse bonté du Seigneur pour la plus ingrate des nations.

Gardons-nous donc de jamais désespérer d'un peuple, si coupable qu'il soit, tant que ce peuple obtient d'une manière si visible du Très-Haut des prédilections aussi spéciales que celle, par exemple, d'envoyer sa très-sainte Mère comme messagère de salut auprès de nous. Non, non, une telle nation ne saurait désespérer. Je me demande souvent quelle est la cause principale qui a pu corrompre si profondément un peuple reconnu léger, c'est vrai, mais généralement bon, franc et loyal, désintéressé même. Oui, je me demande qui a pu le corrompre à ce point, de ne plus discerner le bien du mal, ne pas même voir qu'il creuse de ses propres mains l'abîme qui finira par l'engloutir entièrement si l'on ne pouvait bientôt lui opposer une barrière assez puissante pour l'arrêter dans cette pente fatale. Je crois que la véritable cause de son aveuglement volontaire et sans raison se trouve dans les doctrines du XVIIIe siècle, qui produisirent cette fausse et sarcastique philosophie laquelle passa du palais à la chaumière, répandant partout des flots d'impiété et de corruption. Ce débordement de toutes les infamies est devenu si grand jusqu'à nos jours, qu'il devait nécessairement produire l'avilissement de notre glorieuse et forte race ; et, à la suite de cette pitoyable époque, sont venus les romanciers débraillés, les folliculaires impudents et les journalistes sans vergogne continuer audacieusement, par le mensonge et le sarcasme, l'œuvre pitoyable de leur impudique maître.

Aussi le venin de la haine et de l'envie s'est-il infiltré à pleins bords dans les masses populaires. Malheureusement ils n'ont que trop bien réussi dans cette œuvre satanique de dissolution sociale. Voilà le mal; appliquons donc au plus vite le remède, qui serait, d'après moi, de faire au plus tôt de bonnes lois pour museler tous ces coryphées de l'impiété.

§ V.

On fait bien des lois pour les intempérants, pour les duellistes, pour les voleurs, et l'on ne pourrait en faire contre tout ce qui est pire que tout cela? c'est-à-dire contre cette presse démoralisatrice qui empoisonne chaque jour et trompe sciemment cette partie du public, si facile à séduire, inventant à tout moment de fausses nouvelles pour le besoin de sa cause, calomniant ses adversaires, poussant quand elle le peut, les masses à la révolte, par des promesses fallacieuses qui ne se réaliseront jamais. Elle attaque tous les jours aussi avec une persistance diabolique la Religion, ses ministres et l'Église tout entière,

continuant par là les agissements de son sinistre maître, le trop célèbre de Voltaire. Il est aujourd'hui
bien avéré que depuis 85 ans elle est une des causes
principales de tous nos maux, et on ne ferait rien
pour empêcher de tels agissements?.... Continuons
donc comme par le passé, à barboter dans la fange si
bien préparée par elle; malheur à nous si nous n'ar-
rêtons pas bientôt ce débordement d'iniquités!

Je ne crains donc pas d'affirmer que sans cette
presse révolutionnaire, la Commune eût été impos-
sible; mais je dois avouer que si la mauvaise presse
a causé tant de maux, la presse honnête et religieuse
a rendu d'éminents services au pays; ce serait une
ingratitude de ne pas le reconnaître. Mais à l'heure
qu'il est, il faut plus que jamais qu'elle travaille avec
vigueur à l'accomplissement de sa noble et rude tâche.
Il faut donc qu'elle combatte sans trève ni merci
toutes les productions malsaines qui sont sort es et
qui sortiront encore de ses officines impures et men-
songères. Il serait bon également que la bonne presse
s'entendît, et d'un commun accord engageât le gouvernement même, par des raisons de salut public à intervenir vigoureusement pour enrayer ce mal autant que
possible, en attendant que des lois efficaces viennent
mettre un terme à tant d'iniquités. Que chacun de nous,
écrivain ou apôtre de la vérité, vienne par dévouement à la chose publique, prêter main-forte, s'il
le faut, à l'autorité, comme le ferait le premier pas-

sant venu, en payant de sa personne pour arrêter un malfaiteur. Ceci est le devoir de tout le monde, mais celui de la presse conservatrice ; c'est sa propre cause qui l'exige d'abord, mais surtout c'est celle de la nation tout entière. Quelle plus noble mission, en effet, que de chercher par tous les moyens honnêtes à sauver la patrie en danger? Eh bien! le danger le plus sérieux et le plus formidable de tous, n'est-ce pas celui qui empoisonne les consciences, en répendant chaque jour le virus de la corruption dans les âmes inconscientes.

Il est donc bien prouvé que les romans sans pudeur comme les feuilletons et la presse qui s'efforcent de répandre l'immoralité et l'erreur partout, sont précisément cause de la corruption sociale! Ce sont, je le répète, ces productions malsaines répandues à flots qui ont infiltré l'impiété jusques dans la moelle des os de ce pauvre peuple français. Des lois donc, et de bonnes lois, si nous ne voulons pas être submergés par cette mer d'iniquités. Si les évènements extraordinaires qui se passent sous nos yeux à l'heure présente, sont des signes lumineux pour quiconque sait observer un peu, on saisit bien vite que ce trouble qui règne partout, n'est que l'avant-coureur des temps meilleurs qui viendront assurément après le déchaînement de l'ouragan terrible qu'on aperçoit dans un avenir plus ou moins lointain. En effet, ne voyons-nous pas la France abattue pour avoir failli à sa sainte mission ? Ne voyons-nous pas le Saint-Père prisonnier dans son propre palais ? les Évêques et les prêtres de la Sainte Église romaine persécutés, emprisonnés, honnis même, pour avoir rempli leurs devoirs de conscience, c'est-à-dire les devoirs les plus sacrés qui soient imposés à l'homme par Dieu lui-même ? Ce ne sont pas les sauvages d'outre-mer qui commettent ces infâmies, mais bien les nations d'Europe qui se disent les plus civilisées et les mieux instruites. Honte à elles alors !...

Voilà le tableau raccourci mais bien vrai de ce qui se passe aujourd'hui dans les deux continents. Détournons nos yeux attristés de ce pâle et navrant tableau pour les reposer sur un avenir plus serein. Ne voyons-nous pas arriver dans le lointain, des hommes de grande foi qui comme Pierre s'écrient : « Sauvez-nous, Seigneur, ou nous périssons. » Et voilà qu'à leurs humbles supplications la tempête s'est arrêtée, le ciel s'est rasséréné et le calme est devenu parfait sur toute la surface de la terre ; car le Seigneur a parlé : les méchants ont tremblé devant sa face irritée, leur iniquité a été dévoilée, et ils n'ont pu se justifier. Ils ont été frappés d'aveuglement dans leur propre puissance, et le Très-Haut a triomphé de leur méchanceté. Il devait en être ainsi pour le salut de tous, du moment que le Seigneur nous avait tant aimés qu'il est mort sur un gibet infâme pour nous sauver, pourvu que nous répondissions à son miséricordieux appel. Et voilà que la Religion tant

oubliée jusqu'ici, reprend son essor, la justice ses
droits inaliénables ; la paix règne partout comme dans
les plus beaux et les plus heureux jours de notre
histoire, la haine répandue en tout lieu fait place à
l'amour ; l'envie si détestable fait place à la charité ;
et l'oubli du passé se confond dans un embrassement
général. En un mot, ce sera là le véritable bonheur.
Voilà mon idéal, et j'espère bien qu'il se réalisera
un jour. Ce jour se lèvera peut-être bientôt, à la
grande et inénarrable joie du peuple.

Dans ce temps, tous, grands et petits, seront dans
la jubilation, car toute promesse sera tenue et le
bien-être ici-bas ne sera pas un vain mot ; ce sera
une réalité, même pour les déshérités de ce bas
monde que l'apôtre S. Paul a si bien caractérisés en
les appelant les membres souffrants du corps mystique
de Jésus-Christ, les amis préférés de son divin cœur,
en un mot, d'autres lui-même. Voilà, mes chers camarades, notre Maître, notre frère et notre modèle à
tous. Honorons donc autant que nous serons hono-
rés en mettant en pratique chaque jour de notre vie,
la plus sainte des lois puisqu'elle est la loi de Dieu,
le meilleur des Pères, qui a bien voulu nous accepter pour ses enfants.

Voilà, chers amis, la vérité exposée sans fard, comme
un véritable ami doit la dire. Arrière donc tous ceux
qui voudraient encore nous la ravir par des promesses
remplies d'erreur et de mensonges, qui finiraient par
nous conduire fatalement à un malheur irréparable.

APPENDICE

1re LETTRE

Bordeaux, le 3 avril 1874.

A M. E. CRUGY, RÉDACTEUR DE *Courrier de la Gironde*

MONSIEUR,

Dans votre numéro de ce jour, vous faites une réponse à *La Guienne*, qui m'a suggéré les pensées suivantes, que je vous serais très-obligé de vouloir bien insérer dans les colonnes de votre estimable journal.

Les voici : Il est vraiment bien fâcheux que des hommes très-sérieux et de beaucoup de cœur, en un mot, de vrais royalistes, voulant tous et avant tout le salut de la France, viennent constamment se contredire et rééditer mensuellement, devant le public qui les lit en juge, les mêmes errements politiques qui devraient être à tout jamais oubliés par nous tous. Et en effet, Monsieur le Rédacteur, comment voulez-vous que l'union s'effectue si les monarchistes ont plusieurs visées pour aboutir à une solution unique? Il est évident que si l'entente ne se fait pas sincèrement et résolument au point du départ, jamais la Monarchie ne se fondera (il vaut la peine d'y réfléchir).

Ce n'est certes pas M. le comte de Chambord qui a eu tort d'écrire la lettre qui est un monument de loyauté et de sagesse, déconcertant l'hypocrisie; mais bien les doctrinaires qui lui ont imposé des conditions inacceptables et déshonorantes pour lui et pour sa Maison. Non, non! le petit-fils de saint Louis ne pouvait pas se compromettre à ce point en venant bénévolement s'abriter sous le drapeau qui avait présidé à l'assassinat de Roi-Martyr et à celui du duc d'Enghien dans les fossés de Vincennes.

Il faut en vérité, que les hommes de notre époque aient bien peu de délicatesse pour avoir supposé un seul instant, que le plus loyal comme le plus honnête des princes accepterait leurs conditions, en un mot, son déshonneur pour une couronne qui lui appartient, tandis que le premier aventurier s'il a assez d'audace pour s'imposer à la foule, sera acclamé sur-le-champ par elle; c'est du reste, ce que nous avons vu en 93, dans notre malheureuse patrie. En vérité, Monsieur le Rédacteur, nous devrions tous gémir d'être tombés si bas, pour qu'un honnête homme ne soit plus parmi nous qu'un sujet de risée; et ce qui est encore plus triste, c'est de voir tant de braves gens faire chorus avec le public inconscient, tandis que nous nous n'en pouvons dire autant. Revenons donc au plus tôt à de meilleurs sentiments, tant pour notre honneur personnel que pour le salut de la France; unissons-nous plus tôt pour empêcher le spectre rouge de nous briser et de nous ensevelir sous ses ruines fumantes.

Laissons les doctrinaires et les roués de tous les partis s'entredéchirer; mais nous, cessons au plus vite nos disputes qui n'ont servi, jusqu'à ce jour qu'à nos ennemis!... Dieu est juste, il aura son jour. Mais nous qui savons qu'Henri V est notre roi, pourquoi différer à le reconnaître? Voulons-nous attendre que le césarisme ait encore fait de plus grands progrès, ou bien que le radicalisme nous ait envahis de toutes parts? Non. Eh bien! travaillons donc, au lieu de récriminer, à la restauration d'Henri V, qui sera en même temps la restauration de la plus ancienne, de la plus noble comme de la plus glorieuse race royale de l'univers.

C'est avec ces sentiments, Monsieur le Rédacteur, que je vous prie d'agréer l'hommage de mon respect,

SAUJEON Père.

IIᵉ LETTRE

Bordeaux, le 12 avril 1874.

Monsieur ,

J'étais absent lorsque votre impartialité bien connue a cru devoir insérer ma lettre dans les colonnes de votre estimable journal, ainsi que les considérations dont vous avez bien voulu l'accompagner. En conséquence, je n'ai pu y répondre plus tôt.

Il est vrai que je voulais m'arrêter, pour le moment, aux idées qu'elle contenait ; mais le bon accueil que vous vous êtes empressé de faire à ces quelques lignes, et la grâce chevaleresque de votre réplique m'encouragent à répondre avec toute l'indépendance que comporte un aussi grave sujet.

Votre premier paragraphe, Monsieur le Rédacteur, contient, d'après moi, une assertion qui ne serait pas très-exacte, c'est celle-ci : C'est que la Monarchie du drapeau blanc soulève de nombreuses et invincibles antipathies un peu partout. Je ne suis pas de cet avis. Mais si cela était vrai, il faudrait à tout jamais renoncer au salut de la patrie, et voici pourquoi : Comment admettre que le drapeau blanc, avec la plus ancienne dynastie du monde entier ayant fait, la France très-grande très-puissante, autant qu'honorée, soit aujourd'hui, délaissé et repoussé invinciblement, sans raison ni justice pour mettre à sa place, quoi donc ? le drapeau de l'invasion, de la ruine et de l'amoindrissement ? Mais c'est de la démence cela, et je ne puis penser sans frémir aux malheurs qui fondront sur nous, si nous continuons encore persister dans cette inqualifiable folie ; ou bien il faut désespérer du salut social.

Ce n'est donc ni Henri V ni le drapeau blanc qui sont antipathiques à la France, mais bien le mensonge et la calomnie journellement jetés à tout propos contre la majesté royale, et contre le drapeau qui est et qui sera toujours le signe de l'honneur, que nous avons malheureusement trop oublie, depuis qu'une main ferme n'en tient plus la hampe. Voilà, Monsieur le Rédacteur, et vous le savez mieux que moi, la véritable cause de cette prétendue impopularité, et le nombreux public avec lequel je suis chaque jour en rapport me confirme plus que jamais dans cette vérité. Espérons donc, et j'en ai la ferme conviction, qu'avant longtemps la prétendue répugnance des masses se changera en enthousiasme, et son dédain, si toutefois il y en a eu, en amour d'autant plus grand que l'erreur aura été plus profonde à l'égard de ce prince accompli et bienfaisant.

Comment cela arrivera-t-il? Je ne puis le dire, mais cela ne peut supporter le moindre doute, attendu que lui seul a des principes et aussi la puissance et la force de la faire vivre, tandis que partout ailleurs on n'aperçoit que haine, division et incapacité à fonder quelque chose de stable; en un mot c'est une véritable tour de Babel, et cependant la France ne peut périr. Acceptons donc son sauveur, puisque Dieu nous le garde; unissons-nous donc, Monsieur le Rédacteur, et travaillons tous selon la mesure de nos forces, soit avec la plume, soit par l'apostolat au salut de la patrie commune. La persévérance dans l'appui du vrai et du droit nous fera triompher de tous les obstacles, mais il faut le vouloir.

Quant aux honorables représentants que vous faites intervenir dans votre réponse, je n'ai pu ni voulu faire allusion à leurs dignes personnalités; attendu que je suis convaincu, plus que jamais, qu'ils n'ont demandé aucun sacrifice d'honneur, parce qu'ils savent bien que le noble descendant de nos rois est aussi éclairé et aussi libéral que nous tous; ils ont seulement voulu le servir omme ils le serviront encore tel qu'il est lorsque Dieu ans sa miséricorde, lui aura assigné son heure; ceci dit ans être fataliste. Mais la nécessité nous obligera, tar- .ivement peut-être, à accepter cette heure-là comme la eule ancre de salut pour la France et pour nous.

Vous parlez aussi de responsabilité devant Dieu et evant la postérité. Quiconque travaille avec désintéres- cment pour le droit naturel et indéniable — qui a sa ource dans le Créateur et la justice qui doit être notre ègle à tous, grands et petits, attendu que nous som- ies tous responsables, au même titre, devant l'immu- ibilité de ces vérités, — n'a rien à redouter de Dieu, ui sonde les cœurs et les reins, ni devant a posté- té, qui a toujours honoré le dévouement là toutes :s saintes causes.

Je vous prie de croire, Monsieur le Rédacteur, à mon évouement sincère et à ma parfaite reconnaissance our votre bon accueil.

SAUJEON Père

OBSERVATIONS CARACTÉRISTIQUES

ROIS DERNIERS ARCHEVÊQUES DE BORDEAUX

Mgr D'AVIAU archevêque de notre noble cité, au commencement de ce siècle, a travaillé vigoureusement à défricher le sol très-ingrat qui lui avait été donné par la Providence, et jusqu'au dernier moment de sa vie il n'a point failli à cette rude tâche.

Mgr DE CHEVERUS, qui fut son très-digne successeur, a laborieusement ensemencé, et fécondé aussi par ses sueurs et ses fatigues ce même sol, si bien préparé par son saint prédécesseur.

Mgr DONNET, notre éminent Cardinal, successeur immédiat de Mgr de Cheverus, a, lui aussi avec un courage invincible, non-seulement travaillé et fécondé le champ du Seigneur, mais il a encore su exécuter de grandes choses. Du reste ses œuvres le proclament assez hautement.

Que cette vénérable trinité de saints archevêques et de grands hommes reste donc toujours parmi nous pour nous servir de bouclier contre les destructeurs et les méchants, et de lumière à nous tous pour nous conduire au salut.

Qu'il en soit ainsi.

SAUJON.

PRIÈRE A NOTRE-DAME DE LOURDES

Hommages d'amour et de respect à cette divine Mère
par son indigne serviteur

O Marie Immaculée, j'ose, tout grand pécheur que je suis, me prosterner devant votre auguste image, déjà vénérée par des peuples innombrables, venus tour à tour vous visiter à l'insigne Grotte de Massabielle. Et comme eux je me prosterne dans ce lieu béni et sanctifié par votre radieuse présence. Grotte vraiment miraculeuse, où se sont reposés vos pieds divins ; qui en effleurant la terre ont fait jaillir du rocher des sources d'eau limpide, pour guérir les plaies de l'humanité, et par là sauver les pauvres pécheurs.

Moi aussi, ô Mére très-sainte, je suis venu implorer en toute humilité votre toute-puissante protection, pour la Sainte Eglise romaine, si persécutée de nos jours dans son chef vénérable et dans ses membres les pasteurs des âmes, pour la France si affligée aussi partant de maux à la fois ; pour mes enfants, ma femme et moi. Je les consacre et me consacre moi-même à votre cœur maternel, si plein d'amour pour nous. Faites que votre divin Fils ait pitié de nous ; qu'il daigne nous accorder la persévérance dans la pratique de toutes les vertus chrétiennes, avec la paix de nos âmes, la réussite dans nos affaires temporelles, et enfin notre salut éternel. Ainsi soit-il.

Bordeaux.— Imp. de F. DEGRÉTEAU (Maison MÉTREAU).

www.ingramcontent.com/pod-product-compliance
Lightning Source LLC
Chambersburg PA
CBHW051748050726
47598CB00003B/1384